Ww

Maria Puchol

Abdo
EL ABECEDARIO
Kids

abdopublishing.com

Published by Abdo Kids, a division of ABDO, PO Box 398166, Minneapolis, Minnesota 55439.
Copyright © 2018 by Abdo Consulting Group, Inc. International copyrights reserved in all countries.
No part of this book may be reproduced in any form without written permission from the publisher.

Printed in the United States of America, North Mankato, Minnesota.

102017
012018

Photo Credits: iStock, Shutterstock

Production Contributors: Teddy Borth, Jennie Forsberg, Grace Hansen

Design Contributors: Christina Doffing, Candice Keimig, Dorothy Toth

Publisher's Cataloging in Publication Data

Names: Puchol, Maria, author.

Title: Ww / by Maria Puchol.

Description: Minneapolis, Minnesota : Abdo Kids, 2018. | Series: El abecedario |
    Includes online resource and index.

Identifiers: LCCN 2017941888 | ISBN 9781532103230 (lib.bdg.) | ISBN 9781532103834 (ebook)

Subjects: LCSH: Alphabet--Juvenile literature. | Spanish language materials--Juvenile literature. |
    Language arts--Juvenile literature.

Classification: DDC 461.1--dc23

LC record available at https://lccn.loc.gov/2017941888

Contenido

La Ww

Jacobo viaja desde Iowa hasta Hawaii.

La Ww

George **W**ashington fue el primer presidente de los Estados Unidos.

La Ww

Amanda se come un **kiwi** después del sánd**w**ich.

La Ww

Las chicas juegan a hablar por el **w**alkie-talkie.

La Ww

La capital de Estados Unidos es **W**ashington D.C.

La Ww

Ese jugador de **w**aterpolo vive en **W**yoming.

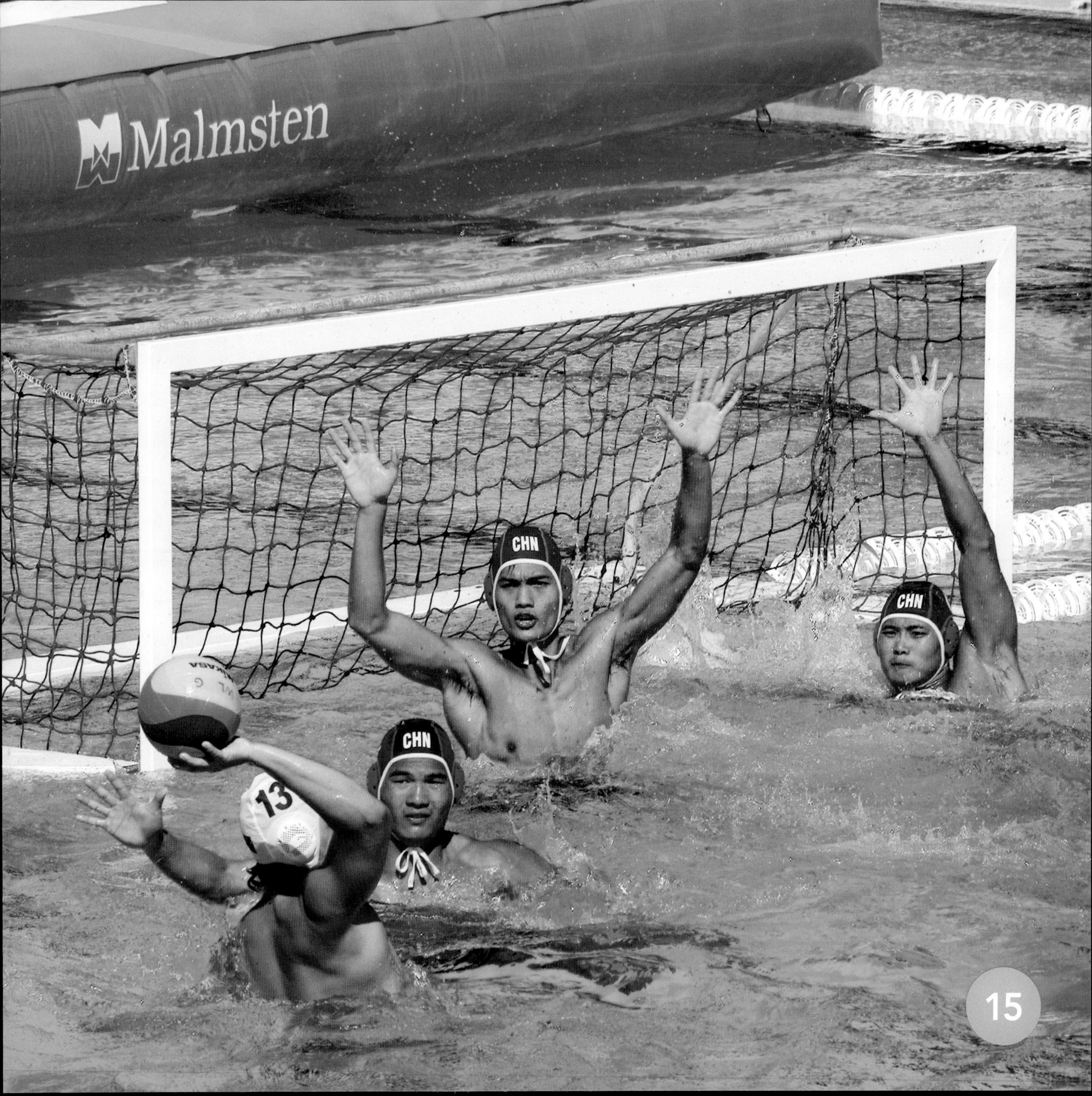
Malmsten
CHN
CHN
CHN
13

La Ww

Berta entra en la página **w**eb de la escuela.

La Ww

Se puede hacer **windsurf**
en Tai**w**an.

La Ww

¿Qué está a punto de comenzar?

(el sho**w**)

Más palabras con **Ww**

Wi-Fi

Ottawa

sándwich

Wisconsin

Glosario

kiwi
fruta de piel ligeramente peluda
con pulpa de color verde.

windsurf
deporte que se practica en el mar
con una tabla y una vela.

Índice

abdokids.com

¡Usa este código para entrar en abdokids.com y tener acceso a juegos, arte, videos y mucho más!

Código Abdo Kids:
EAK2998